AF314164

AU CORPS LÉGISLATIF.

PÉTITIONS

ET PIÉCES RELATIVES AUX RÉCLAMATIONS D'ÉMILIE PRAX,

Veuve de Charles Blanquet-Rouville, non condamné, mais assassiné, tutrice, qui se réduisent à demander,

1°. La cassation de l'arrêté du Comité des finances, du 13 fructidor, an 3 ;

2°. De l'arrêté du Directoire, du 5 messidor, an 4 ;

3°. Le renvoi devant les tribunaux ;

Enfin, son opinion et celle de Jean-Jacques Sacarau, curateur des enfans mineurs, habitans de Toulouse, sur le projet de résolution présenté le 20 pluviôse dernier, par le représentant du peuple Lamarque, au Conseil des Cinq-Cents (1).

---

(1) « Chaque citoyen a un droit égal de concourir immédiatement ou médiatement à la formation de la loi, etc., *article 20 des droits* de l'acte constitutionnel. »

19 floréal, an 3.

ÉMILIE PRAX,

VEUVE

DE CHARLES BLANQUET-ROUVILLE,

HABITANTE DE TOULOUSE.

AUX CITOYENS REPRÉSENTANS DU PEUPLE FRANÇAIS.

LE droit de rendre à la vie Charles Blanquet Rouville, assassiné, n'est pas en votre pouvoir, mais celui d'illustrer sa mémoire flétrie par ses assassins, est en vos mains. Ses manes innocentes et ensanglantées ne cessent de m'entourer ; ses accens plaintifs répètent sans cesse ces mots déchirans et consolans : *Justice, humanité* pour ma veuve et mes enfans. Je viens, au nom de ce malheureux époux et père, réclamer votre justice, à laquelle il a tant de droits.

Feu Charles Blanquet-Rouville fut assassiné à Toulouse le 13 floréal, an 2. (1) Le 27 même mois, il fut arrêté par Bosc huissier, et conduit dans la maison de justice de Toulouse (2). Le 19 prairial suivant, il partit avec plusieurs autres, également proscrits, à l'effet d'être traduit devant le tribunal de sang séant à Paris : là, d'un seul coup, vie et biens furent enlevés.

---

(1) Mandat d'arrêt décerné par Capelle, ex-accusateur public près le tribunal criminel et révolutionnaire séant à Toulouse.

N. B. On lit encore à l'entrée de la cour où la société populaire tient ses séances cette inscription : *LIBERTÉ, ÉGALITÉ,* ou *LA MORT.*

(2) Rouville jouissoit d'une parfaite liberté, il étoit simplement sous la surveillance de la municipalité de Gratens, district de Rieux.

A

L'irréprochable Rouville a laissé six enfans : le plus âgé a quinze ans, les autres sont en bas âge. le 6 messidor suivant, le District envoie un commissaire pour mettre le scellé sur les meubles, papiers, etc. (J'étois à la campagne.) (1) Lors de la mise du scellé dans la maison de mon époux, mes hardes, linge, habits, ceux de mes enfans, tout enfin, fut compris. On chasse les domestiques ; on y laissa par grace une vieille femme pour avoir soin de trois petits enfans ; on chasse le portier, quoique très-malade (2), on y substitue le célèbre François Gras, ci-devant frère chartreux (3).

J'arrive le 9 messidor, je trouve tout mis sous le scellé, sauf mon lit, ainsi que le farouche Gras, qui me déclara représenter le citoyen Rouville ; que quant à moi, je ne devois plus y penser (4). Je fais une pétition au district pour obtenir la recréance de mon linge, hardes, celles de mes enfans ; et ma pétition remise, je vais en solliciter le résultat. Frémissez, citoyens Représentans et lecteurs ! j'aborde en tremblant un commis des bureaux, *nommé Vignaux* : je demande si on a délibéré ma pétition ; voici la réponse de cet homme de sang : *Ah ! la pétition de Rouville ? autant de guilloriné* (5). Malgré cette accablante réponse et ma douleur qu'il falloit étouffer, pour donner quelques secours aux tristes rejetons de cette malheureuse famille qu'on menaçoit du même sort, j'insiste ; ma pétition me fut remise avec

---

(1) L'arrêté envoyé au commissaire Lafitte, du premier messidor, porte que Rouville est condamné à la peine de mort, qu'il ne faut apporter à cette commission aucun retard, et qu'il a été condamné par jugement du tribunal révolutionnaire de Paris, le 14 prairial. François Gras, patriote par excellence, est désigné pour être gardien ; cet arrêté est signé par J. Senegré, Laforgue aîné, Périés. Lafitte n'exécuta que le 6 cette arrêté ; il me qualifie *veuve Rouville* dans son verbal.

N. B. Rouville vivoit encore, il étoit sur la route de Paris ; l'assassinat n'étoit pas consommé.

(2) Il mourut douze jours après sa sortie.

(3) François Gras prenoit un bain de lait lorsqu'il lisoit la liste des victimes égorgées par le tribunal de Paris ; il prétendit qu'il avoit ordre de ne laisser entrer qui que ce fût ; il laissa entrer, comme par grace, mon père.

(4) Rouville vivoit, il étoit en route.

(5) La pétition fut remise le 11 messidor, Rouville n'étoit pas encore arrivé à Paris.

l'arrêté du district. A sa lecture, j'y trouve la victime désignée, je suis qualifiée de *veuve* Rouville, et celui-ci déclaré *condamné* (1).

Fouquier-Tinville exauça les vœux des assassins de Rouville ; il le fit périr avec plusieurs autres. Je n'ai pu avoir aucune certitude du jour ; il n'existe ni procédure, ni jugement : voilà ce qu'on m'a assuré. Voilà donc Fouquier-Tinville convaincu d'assassinat. La convinction que je dénonce doit cesser, s'il remet ou indique une procédure légalement instruite contre Rouville.

Dans le cas contraire, Rouville a été assassiné, non condamné ; ses biens alors appartiennent à ses héritiers, non à la nation.

Ce fait affirmativement posé, ô vous, citoyens Représentans, *justes et libres*, vous ne permettrez pas que la nation calcule sur les propriétés d'un assassiné ! Oui, Représentans, la justice par vous proclamée exige, non-seulement la restitution des entiers biens de Rouville, mais encore la nullité des ventes qui auront été faites. L'assassinat a transmis la propriété ; l'assassin n'a été dans aucun temps le dépositaire de la succession de l'assassiné. L'assassinat reconnu, le premier devoir de la justice est la restitution de l'entière succession, telle qu'elle étoit à l'époque de la mort ; le second devoir consiste à réparer les maux que cette privation a occasionnés, à apprendre aux races futures que le crime a son terme, que la vertu et l'innocence ont des droits qui prévaudront toujours sur lui (2). Voilà mes principes ; ils sont dans vos cœurs, parce que la justice est une, indivisible, comme la République française ; quiconque s'en écartera, cessera d'être juste.

L'homme de bien se réjouira en apprenant la restitution des entiers biens, avec la nullité des ventes faites. L'homme de sang, qui ne sou-

---

(1) Rouville vivoit encore. Cet arrêté en directoire du district de Toulouse, est du 14 messidor, an 2, et signé par Souchon, Toulza et Lamaique : les formes exigent que cet arrêté passât à la municipalité et au département ; je réclamai sur ces qualifications atroces et prématurées, elles furent maintenues.

(2) On a dû trouver dans les papiers de feu Charles Blanquet-Rouville, les pièces et actes relatifs à justifier sa vie politique depuis la révolution, et la preuve de son patriotisme ; Fouquier-Tinville et Vadier doivent en être nantis, les duplicata leur furent remis ; les originaux sont en mon pouvoir.

pire que pour le retour du régime décemvirat, sera par ce seul coup puni, sa rage éclatera, les amis de la justice et de l'humanité seront reconnus, ceux de la tyrannie seront signalés pour toujours.

Il vous restera encore, citoyens Représentans, un acte plus important à remplir, également digne de votre sollicitude paternelle ; il consiste à transmettre à la postérité les regrets et les remords de la nation française sur les assassinats commis sous ses yeux.

Rouville étant un des assassinés, je demande qu'il plaise à la convention nationale m'admettre partie civile contre Fouquier - Tinville, ex accusateur du tribunal de sang, et complices ; que leurs biens soient employés à élever une colonne en pierre, sur laquelle il sera inscrit ces mots : *Charles Blanquet-Rouville fut assassiné, non condamné*, laquelle colonne sera élevée dans une des places publiques de la commune de Toulouse. Je certifie en conséquence à la nation française, que je ne conserve ni haine, ni vengeance, ni ressentiment contre personne ; que j'abandonne ces ames feroces aux remords que leurs crimes doivent inspirer ; qu'enfin ma profession de foi est d'être digne du caractère maternel, et de ma patrie. A Toulouse, le 19 floréal, an 3 de la République française, une et indivisible.

ÉMILIE PRAX, veuve de CHARLES BLANQUET-ROUVILLE,
habitante de Toulouse, signée.

---

8 messidor, an 3.

AUX CITOYENS ADMINISTRATEURS
DU DISTRICT DE TOULOUSE.

ÉMILIE PRAX, veuve de Charles Blanquet-Rouville, assassiné, non condamné, habitante de Toulouse, agissant, tant en son nom, qu'en qualité de tutrice et légitime administréresse des personnes et biens de ses enfans, au nombre de six, vous expose aux noms que procède, que feu Charles Blanquet-Rouville, ci-devant conseiller au ci-devant parlement de Toulouse, décéda en messidor, an 2, à Paris ; qu'il fut déclaré condamné, conséquemment mort, quoique encore vivant, le premier messidor an 2 (1) ; que le 6 même mois et année, Lafite, commissaire, le déclara condamné dans son procès - verbal d'apposition de scellé et inventaire ; que les ci-devant administrateurs, par leur arrêté du 14 messidor, an 2, ont déclaré que Blanquet-Rouville étoit mort (2), quoique Rouville ne fût pas encore descendu dans l'empire des morts ; mais *il étoit écrit* qu'il y *descendroit*. Voilà la loi qui a servi de prétexte aux agens de la République pour *confisquer* tous ces biens, sans exception.

La nation devenue libre n'a pas encore tout vu, puisqu'elle a cru que les biens qui avoient été mis sous sa main, ne l'étoient que d'après ces *listes*, qui seules autorisoient les administrateurs sur leurs devoirs.

Malgré la vérité de tous ces faits, la pétitionnaire a recours à votre justice, pour vous demander qu'il vous plaise arrêter ; 1°. Que par un commissaire par vous nommé, ou à défaut, par le premier huissier requis, la pétitionnaire sera mise dans la réelle et corporelle possession, sans exception, de l'entière succession ayant appartenu à feu Charles Blanquet-Rouville, habitant de cette commune. 2°. Qu'en exécution de la loi du 21 prairial mois dernier, tous sequestres, gardiens, détenteurs des sommes provenant de ladite succession, en feront la remise à l'instant du commandement, et cesseront leurs fonctions ; moyennant ce, valablement déchargés. 3°. Enfin, que tous dépositaires des biens, revenus, ou fermiers des immeubles, dependans de ladite succession ; même toutes aliénations seront déclarées nulles, d'après le certificat des administrateurs du département de Haute - Garonne ci-joint, qui décide, sans réplique, que nul n'en a eu le droit ; comme aussi, que l'administration départementale de Haute-Garonne rendra commun votre arrêté à tous les districts de son ressort ; c'est à quoi la pétitionnaire conclut, comme juste demande.

A Toulouse, le 9 messidor, an troisième de la république française, une et indivisible.

ÉMILIE PRAX, veuve BLANQUET-ROUVILLE.

---

(1) *Vide* les registres qui nomment Lafitte commissaire pour mettre le scellé chez Rouville et Miegeville.

(2) *Vide* le registre contenant les arrêtés du 14 messidor, an 2.

(6)

Renvoyé au directeur des revenus nationaux, pour donner son avis et ses observations, pour être ensuite statué ce qu'il appartiendra.

Fait au district de Toulouse, le 11 messidor, l'an troisième de la république.   MALFRÉ, LANELUC.

Vu la pétition de la citoyenne Prax, veuve Blanquet-Rouville, qui demande, tant en son nom, qu'en qualité de tutrice et administratrice de ses six enfans, la restitution des biens de feu Charles Blanquet-Rouville son mari, ex-conseiller au parlement de Toulouse. Vu le certificat du directoire du département, du 8 messidor, portant que le citoyen Blanquet-Rouville, n'est compris ni dans la liste générale des condamnés, ni dans celle supplétive ;

Le renvoi du district de ce jour ;

Le directeur des domaines nationaux dit, que Charles Blanquet-Rouville est un des membres du ci-devant parlement de Toulouse, qui a expiré sans jugement sur l'échafaud à Paris, le 18 messidor, de l'an second ; que la pétitionnaire est donc fondée, ès qualité qu'elle procède, à réclamer l'entière restitution des biens dépendans de la succession de son mari, tant en meubles, qu'immeubles, ou le produit de ceux qui n'existent plus en nature.

Fait à Toulouse, le 11 messidor, troisième année républicaine.

         JOLI, *signé.*

Vu la pétition de la citoyenne Emilie Prax, veuve de Charles Blanquet-Rouville, agissant, tant en son nom, qu'en qualité de tutrice et légitime administreresse des personnes et biens de ses enfans au nombre de six, tendante à demander à être envoyée en possession de tous les biens dudit Blanquet-Rouville, leur mari et père, membre du ci-devant parlement de Toulouse, supplicié sans jugement ;

L'attestation des administrateurs du département de Haute-Garonne du 8 du présent mois, comme ledit Blanquet-Rouville n'est compris sur aucune liste des condamnés ;

L'avis du directeur de l'agence des domaines nationaux, du 11 du présent mois :

Le directoire, considérant que là où il n'y a pas de jugement de condamnation, il ne sauroit y avoir lieu à la confiscation.

(7)

Considérant, qu'examen fait des listes des condamnés qui sont parvenues à l'administration, le nom de *Blanquet-Rouville* ne s'y trouvant pas, quoiqu'il en ait été envoyé de postérieures à sa mort, tout se réunit à prouver qu'il a été supplicié sans jugement :

Considérant qu'il importe de réintégrer sa famille dans tous les biens, meubles, immeubles, noms, voix, droits, raisons et actions formant sa succession :

Oui le procureur-syndic,

EST d'avis qu'il y a lieu d'arrêter que les pétitionnaires seront réintégrés dans la propriété, possession et jouissance de l'hérédité de Blanquet-Rouville leur mari et père, en quoiqu'elle consiste ou puisse consister, et telle que ledit Rouville en jouissoit avant son décès; leur accorder en conséquence la main-levée définitive du sequestre qui a été apposé, résilier les baux qui ont pu avoir été faits, et ordonner que tous sequestres, receveurs, dépositaires, fermiers, et autres débiteurs ou détenteurs des fruits, loyers et revenus, effets or, argent, titres, papiers et autres, dépendans de ladite succession, seront tenus à leur en faire la remise, à la charge néanmoins, par les pétitionnaires, de payer les frais de sequestres et autres, dont l'état leur sera fourni sans préjudice de tous leurs droits et actions contre tous fermiers et autres qui ont joui, géré lesdits biens, pour les faire valoir, ainsi qu'il appartiendra, et pardevant qui de droit, conformément à la loi du 21 prairial, *article* 18.

Ordonne enfin qu'il leur sera fait la remise, moyennant décharge des inventaires originaux qui ont pu être dressés.

Délibéré en directoire du district, à Toulouse, le 11 messidor, troisième année républicaine.

MALFRÉ, DUPAU, RUOTTE.

Vu la pétition ci-contre, l'avis du district de Toulouse, du 11 messidor courant, et les pièces y annexées,

Ouï, le procureur-général-syndic,

L'administration du département de Haute-Garonne, en confirmant l'avis du district de Toulouse, du 11 messidor, courant, arrête qu'il sera exécuté en tout son contenu dans tous les districts du département.

Délibéré à Toulouse, le 13 messidor, l'an trois de la république.

MARTIN, COURTIES, LAFAGE.

COPIE du certificat délivré par les administrateurs du département de Haute-Garonne.

Nous, administrateurs du département de la Haute-Garonne, certifions à tous ceux qu'il appartiendra, que le citoyen Charles Blanquet-Rouville, ci-devant conseiller au parlement de Toulouse, natif de Marvejols, département de la Lozère, n'est point compris dans la liste générale des condamnés, ni dans celle supplétive, rédigées et imprimées en exécution des loix des 26 frimaire, 9 ventôse et 6 thermidor dernier, et qui nous ont été envoyées jusqu'à ce jour par la commission des administrations civiles, police et tribunaux, ou par la commission des revenus nationaux.

Fait à Toulouse, le 8 messidor, l'an troisième de la république française, une et indivisible.

MARTIN, COURTIES, LARIVIÈRE.
Par les administrateurs.
BEGUILLET, *signé.*

---

30 prairial, an 4.

EMILIE PRAX, veuve de Charles Blanquet-Rouville, non condamné, mais assassiné, tutrice de six enfans, habitante de Toulouse.

A LA RÉPUBLIQUE FRANÇAISE,

CITOYENS LÉGISLATEURS,

La connoissance qu'il vous plaira prendre de mes malheurs, vous dira mieux que moi que ma douleur ne s'éteindra que lorsque je cesserai de vivre. Le palliatif et le calmant à tant d'infortunes étant en vos mains, je viens solliciter, pour mes tristes enfans, cet unique remède;

remède ; vous l'indiquer, c'est l'obtenir ; le voici : *justice, toute la justice, rien que la justice.* Puisse ce baume salutaire cicatriser des plaies que rien encore n'a pu former. La précision, l'abrégé et l'analyse des faits, suffira sans doute pour l'obtenir toute entière.

Le 18 messidor, an II, feu Charles Blanquet-Rouville fut assassiné et mis à mort à Paris (1).

Les journalistes d'alors publièrent son décès au titre du tribunal révolutionnaire. A l'instant l'administration du ci-devant district de Lauragais, s'empara des entiers biens de cet assassiné. Pour en imposer, ils furent déclarés et dénoncés biens nationaux.

Les métairies situées dans les communes de Villefranche, Villenouvelle et Baziege, furent vendues, divisées et distribuées en petites parties ; le mobilier dépendant de ces métairies, *dilapidé.* Pour se soustraire à toute responsabilité *écrite*, il ne fut point fait d'inventaire (2).

Les principaux *acquéreurs* de ce terrain arrosé *de ce sang innocent*, furent les citoyens Trinchant, père, président du district ; Sanceren et Bor, *administrateurs et vendeurs* (3).

---

(1) Voyez la pétition imprimée du 19 floréal, an 3, à la convention nationale. On y est convaincu que les formes révolutionnaires étoient un nouveau monde, et un moyen sûr d'assassiner et voler impunément.

(2) Voyez la pétition du 3 thermidor, an 3, dans laquelle on trouve que l'administration du district de Villefranche n'a point trouvé les inventaires par moi réclamés ; cette forme de procéder est du règne des citoyens Sanceren, administrateur, vendeur et acquéreur, à lui joint le citoyen Trinchant père, président du district, et Bor, administrateur ; *et sic diviserunt vestimenta mea.* D'après ce précepte, le mobilier de ces métairies consistant en bestiaux, outils aratoires, charettes, furent séparément et arbitrairement vendus. A cette démarche révolutionnaire, on reconnoît sans peine les contemporains de Robespierre.

(3) Ces faits sont prouvés dans l'acte signifié le 21 messidor, an 3, à la requête des citoyens Trinchant pere, Bor et Sanceren, à la pétitionnaire.

On lit encore dans un acte signifié à la même, le 20 thermidor, an 3, à la requête d'autres prétendus acquéreurs, que si elle persiste *dans sa mise en possession*, et à la réclamation de ces mêmes biens prétendus vendus, elle sera poursuivie et punie comme *contre-révolutionnaire. La postérité aura peine à le croire.*

B

Cette administration convaincue que la nation ne vouloit plus de richesses transmises par l'assassinat, au lieu de seconder des vues aussi équitables qu'humaines, s'empressa, au contraire, de faire procéder à la vente de la coupe des bois non-vendus. Pour y parvenir, les formes requises pour ces ventes furent violées ; enfin, ces ventes furent consommées par une seule et unique affiche (1).

Le 29 floréal, an III, n'ayant pu obtenir, ainsi qu'on l'a vu, d'être partie civile contre Fouquier-Thinville et complices, je m'adressai, le 9 messidor, au district de Toulouse, qui, par son arrêté du 11 du même mois, confirmé le 13 par le département, me restitue dans la propriété et jouissance de la succession ayant appartenu à feu Charles Blanquet-Rouville, mon époux, *telle qu'elle étoit avant sa mort*, les dispositions de la loi du 21 prairial, ne pouvant m'être appliquées sous aucun rapport (2).

Munie de ces arrêtés équitables, je me rendis, le 19 messidor, même mois, à Villefranche, pour les faire mettre à exécution.

C'est à cette seule époque que je fus instruite de la vente des biens, et de la conduite de cette administration.

La nullité des opérations et ventes étant prononcée par le fait et par le droit, je pris, le 19 messidor, an III, tant des biens prétendus vendus que ceux non-vendus.

Cette mise de possession fut suivie d'une opposition de la part d'une nuée d'acquéreurs, du nombre desquels étoient les citoyens Trinchant, père, Bor et Sanceren.

A cette opposition succéda une citation devant le tribunal de district de Villefranche. L'instance fut réglée entre les prétendus acquéreurs, les ci-devant administrateurs et moi.

N'étant point intimidée par cette horde de prétendus acquéreurs, je m'occupai à faire dire droit sur ma mise en possession par ce tribunal ; j'en ai été privée par l'arrêté du ci-devant comité des

---

(1 Les municipalités ont attesté qu'elles n'avoient reçu qu'une seule affiche, et que la coupe de ces bois se faisoit par les prétendus adjudicataires, le 15 mai 1795. (*v. st.*)

(2) *Voyez* la pétition imprimée, présentée au ci-devant district de Toulouse, et les arrêtés qui en font la suite.

finances, section des domaines, du 13 fructidor, an III, qui sursoit *à toutes poursuites devant les tribunaux* (1).

Cet arrêté, surpris de la religion du comité des finances, est la cause de ma réclamation.

La question que les faits et les pièces présentent, qu'il est cruel de rappeler, puisqu'ils n'auroient jamais dû voir le jour, n'est nullement problématique.

Elle consiste à savoir si les biens dépendans de la succession de feu Charles Blanquet-Rouville, ont pu être confisqués sans titre légal, c'est-à-dire *sans jugement*, au préjudice même des loix qui devoient publier et donner de l'authenticité aux jugemens qui avoient prononcé la confiscation ; je soutiens la négative.

La discussion de cette question est aussi facile qu'elle est simple.

Pour parvenir à la preuve de l'existence légale du titre, qui, d'après cette administration, confisquoit tous les biens de Charles Blanquet-Rouville, j'ai fait vérifier et compulser le registre sanglant tenu par le greffier de Fouquier-Thinville.

Cette recherche a justifié qu'il n'existoit pas *de jugement* contre Charles Blanquet-Rouville, conséquemment point de confiscation prononcée sur ces biens.

Quoique ce fait soit décisif, j'ai ouvert le code barbare de Robespierre, j'y ai trouvé que les administrations ne pouvoient s'emparer d'*aucune propriété*, ni la déclarer *propriété nationale*, qu'en se conformant et en exécution des loix des 26 frimaire, 9 ventôse et 6 thermidor, an III (2).

J'ai fait plus encore, citoyens représentans, j'ai sommé et requis, par acte du 22 messidor, an III, tous les demandeurs en cassation

___

(1) Cet arrêté est l'effet de l'intrigue et de la surprise. J'observe ici que le citoyen Calés, ci-devant administrateur du district de Villefranche, est assigné en garantie par les prétendus acquéreurs. On compte donc sur le crédit du citoyen Calés, représentant du peuple, frère de cet administrateur. Pour moi, je ne calcule que sur la bonté de ma cause, et sur l'intégrité du corps législatif.

(2) On peut dire que l'exécution *de ces loix* qui ne contenoit que le nom des assassinés, étoit le pont aux ânes. Oui, tout a été violé, lorsqu'il a été question de s'approprier les biens de Rouville.

B

de ma mise en possession, d'avoir à me communiquer le jugement qui prononce la confiscation des biens de feu Rouville ; je leur ai déclaré que s'ils n'emportoient cette inculpation d'une manière légale, je les poursuivrois devant les tribunaux.

Ces lâches adversaires ne pouvant répondre à des sommations vraies et juridiques, ont employé les ressources des intrigans ; elles n'ont pas été infructueuses, puisqu'elles ont su surprendre la religion des membres qui composoient, le 13 fructidor, an III, le ci-devant comité des finances.

Mes adversaires étant dans l'impossibilité physique de détruire, par aucune loi (même révolutionnaire) mes assertions, je me résume à leur faire, ainsi qu'à leurs corrées, les demandes suivantes :

1°. Où est le jugement qui prononce la confiscation des biens de feu Charles Blanquet-Rouville ?

2°. Où est la liste, ou celle supplétive, relative aux condamnés, dans laquelle son nom se trouve inscrit (1) ?

3°. Qu'elle est la loi qui vous a autorisés de vous approprier et de vendre, *sans inventaire préalable*, le mobilier, cabaux, outils aratoires, dépendans des biens situés dans les communes de Villefranche, Lauragais, Villenouvelle et Baziege ?

4°. Quelle est la loi qui vous autorisoit à vendre la coupe de mes bois, et qui autorisoit les adjudicataires, vos protégés, à faire cette coupe de bois le 15 mai 1795 (*vieux style*) ?

5°. Enfin, qui êtes-vous, pour avoir transmis la propriété de partie de mes biens, et dilapidé cette succession ?

Pour répondre à mes demandes, il faut deux choses ; la première est un jugement qui prononce la confiscation.

____

(1) Il sera aisé à trouver : les noms des proscrits y sont désignés par lettre alphabétique. L'administration du ci-devant district de Villefranche a donc méconnu toutes les loix. Rouville est mort, a-t-elle dit, cela suffit : le journal, et le titre du journal, voilà notre loi. *Primam tollo nominor quia leo*. Et d'après ce prétexte, qui est celui du plus fort, peut-on me reprocher ou m'opposer avec quelque pudeur mon silence, sur les opérations de cette administration ?

La seconde, que le nom de Charles Blanquet-Rouville se trouve dans la liste fatale imprimée, envoyée par les autorités constituées aux administrateurs de district et de département.

Si ces deux actes de nécessité rigoureuse et absolue ne sont pas produits et indiqués légalement par cette administration, il faut décider dans ce dernier cas, que les ci-devant administrateurs du district de Villefranche, *ont abusé de leurs pouvoirs*; qu'ils doivent donc être poursuivis en la forme prescrite et *prévue* par l'article XVIII de la loi du 21 prairial, an III, qui, dans cette hypothèse, ne peut souffrir d'autre application, parce qu'il ne faut pas perdre de vue que les biens de Rouville n'ont pu être désignés *biens nationaux*, que par *l'abus des pouvoirs et arbitrairement*.

Ce principe posé, étant, j'ose le dire, incontestable, je conclus à ce qu'il plaise au conseil annuller l'arrêté du ci-devant comité des finances de la convention nationale, du 13 fructidor, an III; ce faisant, ordonner que l'arrêté du 11 messidor, du district de Toulouse, et celui du département de Haute-Garonne, confirmatif du 13 du même mois, an III, seront exécutés suivant leur forme et teneur.

A Toulouse, le 30 prairial, an IV.

ÉMILIE PRAX, veuve ROUVILLE, *tutrice*.

COPIE *du délibéré pris par le directoire du ci-devant district de Villefranche, département de Haute-Garonne.*

Vu la pétition de la citoyenne ÉMILIE PRAX, veuve de CHARLES BLANQUET-ROUVILLE, comme tutrice de ses enfans, présentée au département, tendante à ce que les *inventaires originaux*, relatifs aux communes de Villefranche, Villenouvelle et Baziège, des bestiaux et outils aratoires qui étoient auxdits biens, *qui ont dû être faits* lors de la mise des scellés et séquestres, lui soient remis à l'instant du commandement.

Vu aussi l'arrêté du renvoi dudit département, du 7 thermidor dernier, notre soit communiqué au citoyen Sanceren, ancien administrateur, pour donner les renseignemens qui sont en son pouvoir sur ladite pétition du 3 du courant, auquel communiqué ledit Sanceren n'a point répondu.

Vu, enfin, l'inventaire qui a été fait par le citoyen Pujol, administrateur, de tous les papiers qui existent dans tous les bureaux, notamment au bureau des émigrés, et en présence dudit Sanceren, le 9 messidor précédent. Ouï le vice-procureur-syndic :

Le directoire, d'après les plus exactes et différentes recherches qu'il a faites dans notre administration des inventaires réclamés, que lors dudit inventaire qui a été fait de tous les papiers qui sont dans les bureaux, notamment au bureau des émigrés, fait pat ledit Pujol, administrateur, *en présence dudit Sanceren, qui a signé*, le 9 messidor dernier, les inventaires dont s'agit, n'ont point été trouvés, *ni du depuis*; que quand aux causes qui peuvent donner lieu à l'égarement de ces papiers, le directoire ignore que lesdits inventaires aient jamais existé.

Délibéré en directoire, à Villefranche, le 11 fructidor, troisième année républicaine.

SALVAIRE, PUJOL, DICHY, *signés*.

EXTRAIT du registre des arrêtés du comité des finances de la convention nationale.

Du 13 fructidor, an 3 de la république, une et indivisible.

SUR la pétition de l'ancienne administration du district de Villefranche, tendante à ce que les arrêtés du nouveau district de Villefranche et du département de la Haute-Garonne, qui renvoient la citoyenne veuve Rouville en possession des biens de son mari, soient annullés ;

Le comité renvoie à la commission des revenus nationaux, pour vérifier les faits contenus en la pétition et donner tous renseignemens ; et cependant, vu que ni la veuve de Blanquet-Rouville, ni les autorités constituées qui ont statué, ne contestent pas la vérité de l'exécution à mort dudit Blanquet-Rouville, avant l'époque des ventes de ses biens, qui font d'ailleurs mention, quoique vague, de sa condamnation à mort, et vu que les mêmes ventes ne sont attaquées dans la pétition de ladite veuve, et les avis ou arrêtés desdites autorités, dont un exemplaire imprimé est joint aux procès-verbaux des premières et dernières enchères, et à la pétition de l'ancienne administration du district de Villefranche, (1) arrête qu'il est sursis provisoirement, 1°. à la mise en possession, et à toutes suites ultérieures de l'arrêté du département de la Haute-Garonne, en faveur des veuve et héritiers dudit Blanquet-Rouville ; 2°. à toutes poursuites judiciaires entre eux, et les adjudicataires et les administrateurs (2).

Pour extrait conforme ; signé, LECLERC, *président ;* DERAZEY,
Pour copie conforme ; signé, BOCHET.
Pour copie conforme, PONS-DÉVIER, *président.*
FIGUIERES, *pour le* Secrétaire-général.

---

(1) Qui croira que l'exécution à mort emporte la confiscation des biens. Si ce sophisme sanglant étoit mis en vigueur, tous les assassinés par les septembriseurs ont dû avoir tous leurs biens confisqués ; ce crime n'a pourtant pas suivi le premier. Concluons donc que cet arrêté est basé sur des principes faux, insidieux et dangereux.

(2) L'exécution à mort, *sans jugement* juste ou injuste, est la preuve physique d'un assassinat. On ne peut donc s'emparer ni vendre les biens de l'assassiné sans complicité.

— *N. B.* La succession de Rouville est située dans plusieurs districts et départemens. Le district de Toulouse séquestra, ne procéda point à la vente ; d'autres districts ne séquestrèrent point, conséquemment point de vente. Le district de Villefranche surpassa tous les autres, il a vendu, et a supprimé tout inventaire préalable. (Sanceren a toujours eu la direction du bureau des émigrés.)

11 brumaire, an 5.

EMILIE PRAX, veuve de Charles Blanquet - Rouville , non condamné , mais assassiné , tutrice de six enfans , habitante de Toulouse.

AU CORPS LÉGISLATIF,

Citoyens représentans du peuple,

Je vous dénonce l'arrêté ci-joint, en date du 5 messidor, an IV, surpris sans doute au Directoire exécutif.

Cet arrêté est l'ouvrage de l'intrigue et des machinations pratiquées par les prétendus acquéreurs, ex-administrateurs du district de Villefranche, vendeurs et aussi acquéreurs de partie de mes biens.

Accusés d'arbitraire et d'abus de pouvoir, ils ont mis tout en usage, tout tenté pour arrêter le cours de la justice, protectrice des opprimés.

Ayant pris possession de tous mes biens, vendus ou non vendus, ils formèrent de suite opposition à ma mise en possession.

Cette opposition fut portée par les prétendus acquéreurs, qui citèrent en même temps les ex-administrateurs, vendeurs *en garantie*, devant le tribunal de Villefranche, *seul compétent.*

Cette instance fut réglée avec les opposans à ma mise en possession qui , nonobstant les oppositions a été suivie sur tous les biens appartenans à feu Rouville, tels qu'ils étoient le 18 messidor, an 2, époque de sa mort.

Me voilà donc devant mes juges naturels et compétens, qui seuls ont le droit de juger l'opposition faite à ma mise en possession et exceptions contraires soit civiles ou criminelles.

Cette

Cette forme de procéder est ordonnée par l'article XVIII de la loi du 21 prairial. an III ; par l'arrêté du département de la Haute-Garonne, qui a été exécuté en son entier, et par les articles V et XII de l'acte constitutionnel.

J'ai repris et veux maintenir mes propriétés ; j'en demande les fruits : voilà mon devoir en ma qualité de tutrice, article V des droits de l'homme. L'exécution de ce devoir est, par mes adversaires, réputé crime contre-révolutionnaire (1).

Le jugement de cette instance a été arrêté par le sursis accordé par le comité des finances, duquel j'ai demandé la cassation (2).

Instruite postérieurement de l'arrêté du Directoire exécutif, qui juge le fonds relatif aux contestations soumises au pouvoir judiciaire, je viens, par ma présente pétition et dénonciation, en réclamer la cassation (3).

De brièves observations suffisent pour en démontrer la justice et l'évidence.

Mes demandes se réduisent à trois points :

1°. Faut-il casser l'arrêté du comité des finances de la Convention nationale ?

Je réponds qu'il ne peut exister dans un gouvernement républicain aucun acte despotique, l'arrêté dont il s'agit étant de ce nombre, il doit être cassé.

---

(1) Les actes et pièces remises au citoyen Thibaudeau, rapporteur de la commission nommée le 6 vendémiaire dernier, prouvent que l'instance fut commencée à la requête des prétendus acquéreurs, qui assignèrent les ex-administrateurs, également acquéreurs de partie de mes biens, devant le tribunal du ci-devant district de Villefranche, en garantie. Ce tribunal, qui a rendu deux jugemens préparatoires, et qui a enregistré l'arrêté en sursis du comité des finances de la convention nationale, a été supprimé par la constitution. Cette suppression a porté de droit cette cause devant le tribunal civil du département de Haute-Garonne. Voilà donc le pouvoir judiciaire légalement nanti du contentieux relatif à toutes les parties, en exécution de l'article XVIII de la loi du 21 prairial, an 3.

(2) Voyez la pétition présentée au conseil des cinq-cents le 6 vendémiaire dernier, sur laquelle il a été nommé une commission.

(3) Aucun immeuble ne peut être qualifié national, sans titre spécial. L'administration qui ne justifie pas de ce titre, est coupable : c'est ce que je trouve dans l'article V des Droits de l'homme.

C

2°. Faut-il casser l'arrêté du Directoire exécutif?

Sur ce point, il ne sauroit y avoir deux avis. Pour cette décision, il me suffira de citer la loi du 8 germinal, an IV, qui veut *que les réclamations relatives aux arrêtés de comités de la Convention nationale soient portées au Corps législatif, qui prononcera sur les difficultés, etc.*

Or, dès que l'arrêté du Directoire a contrevenu à la loi citée, qu'il a jugé les contestations pendantes devant le tribunal civil du département de Haute-Garonne, il ne sauroit exister; c'est ainsi qu'il est décidé par l'article XXII des droits de l'homme; et par les articles XL et CXLVII des titres 5 et 6 de l'acte constitutionnel.

D'après ces loix constitutionnelles, le Directoire exécutif ne pouvoit point dépouiller le pouvoir judiciaire nanti des contestations de toutes parties; c'est pourtant ce qu'il a fait, soit dans les considérans, soit par son arrêté.

Son pouvoir est borné à faire exécuter les loix, et à la surveillance des tribunaux; il a évidemment passé les limites de ses pouvoirs: cet arrêté doit donc être cassé.

3°. Le pouvoir judiciaire nanti *du droit* du contentieux de toutes parties, peut-il être dépouillé ou suspendu dans l'exercice de ses droits?

Je crois que sur cette dernière question, il ne sauroit être formé de doute.

En effet, le corps législatif ni le pouvoir exécutif ne pouvant décider sur l'instance pendante devant le tribunal civil du département de Haute-Garonne, c'est au pouvoir judiciaire à prononcer, en ayant seul *le droit.* En jugeant le fond, le Directoire a donc ouvertement contrevenu à l'acte constitutionnel; c'est ce que je trouve dans les articles CCIV et CCV, titre 8, de la constitution.

D'après ces motifs, je conclus à ce qu'il vous plaise, citoyens représentans, me recevoir à additionner ma pétition du 4 vendémiaire dernier, en faisant joindre la présente dénonciation à la commission qui fut nommée le 6 dudit mois, comme aussi cassant ou annullant l'arrêté du Directoire exécutif, du 5 messidor, an IV ; renvoyer la cause et les parties devant les tribunaux compétens (1).

A Paris, le 11 brumaire, an V de la république française, une et indivisible.

ÉMILIE PRAX, veuve ROUVILLE, tutrice.

COPIE d'extrait des registres des délibérations du directoire exécutif.

Du 5 messidor, l'an 4 de la république française, une et indivisible.

LE Directoire exécutif, après avoir entendu le rapport du ministre des finances, relativement aux adjudications consenties ; savoir : par le ci-devant district de Villefranche, département de la Haute-Garonne, des biens de Charles BLANQUET-ROUVILLE, ex-membre du parlement de Toulouse, et par le ci-devant district de Carcassonne, département de l'Aude, des biens de Marie-Joseph GUILHERMIN, aussi ex-membre du même parlement.

Considérant, que si le jugement par lequel le ci-devant tribunal révolutionnaire, établi à Paris, a condamné les particuliers ci-dessus dénommés, n'est pas inscrit sur le registre, sa réalité résulte néanmoins d'une déclaration du jury de jugement du même tribunal, en date du 18 messidor, an II, portant qu'ils sont déclarés ennemis du peuple, pour avoir pris part à la coalition et aux arrêtés et délibérations liberticides des parlemens ; notamment de ceux pris par le parlement de Toulouse, les 25 et 27 septembre 1790, et par le blanc laissé sur le registre, à la suite du préambule du jugement.

____

(1) Lorsque le pouvoir judiciaire est nanti d'une cause, nul autre pouvoir n'a le droit d'évoquer la cause à un autre pouvoir, moins encore de l'en dépouiller. *Loi du 30 vendémiaire, approuvée le 5 brumaire, an 5, par le conseil des anciens, relative à la contestation judiciaire qui existoit devant le tribunal de Janville, entre les citoyens Chanon-Venard, Dadonvelle, Bouillac et Bezard.*

Considérant que, d'après la déclaration du jury, la peine pour un semblable crime étoit celle de mort ; emportant avec elle la confiscation de biens ;

Considérant, que cette confiscation n'avoit pas besoin d'être prononcée, puisque l'article II du titre 2 de la loi du 10 mars 1793, veut que les biens de ceux qui sont condamnés à la peine de mort, soit acquis à la république, et que la loi du 30 mars 1792, porte la même peine à l'égard de ceux qui seront convaincus d'avoir excité et fomenté des troubles, et de ceux qui auront pris part aux conspirations.

Considérant que BLANQUET-ROUVILLE et GUILHERMIN ont été exécutés à mort le jour même de la déclaration du jury, ainsi qu'il résulte de l'état, dont extrait a été délivré par Tavernier, dépositaire archiviste du tribunal révolutionnaire, des dépenses faites par l'exécuteur des jugemens criminels de ce tribunal, à raisons des exécutions qui ont eu lieu ledit jour, 18 messidor.

Considérant que les ventes de biens de BLANQUET-ROUVILLE et GUILHERMIN, n'ont eu lieu que postérieurement à la confiscation et avant le sursis à la vente des biens des condamnés, ordonnée par le décret du 30 ventôse, an III.

Considérant enfin, que toutes les formalités prescrites pour l'aliénation des domaines nationaux, paroissent avoir été remplies lors de ces ventes (1).

---

(1) J'ignore comment et pourquoi Blanquet-Rouville se trouve amalgamé avec Guilhermin ; l'avenir m'expliquera sans doute ce système énigmatique, je me borne donc à ma défense.

Le directoire nous dira quelle est la loi qui donne au jury le droit, d'après sa déclaration, de livrer à l'exécuteur des jugemens criminels, le prévenu pour le mettre à mort. Quelle est la loi qui donne à ce même jury le droit de confisquer les biens de ce même prévenu ? J'avoue que ce code plus que barbare m'est inconnu. Robespierre vouloit que Dumas, son digne collègue, prononçât la peine de mort, et la confiscation des biens, *sine quâ non*.

Robespierre vouloit que les administrations ne sequestrassent et ne vendissent les biens de ces victimes, qu'après qu'elles auroient officiellement reçu le jugement rendu par Dumas, qui prononçoit la confiscation des biens.

ARRÊTE : que les ventes dont il s'agit sont maintenues, sauf aux héritiers Guilhermin et Blanquet-Rouville à en réclamer le prix, conformément aux dispositions de la loi du 21 prairial, an III.

Robespierre vouloit que la confiscation des biens n'eût lieu que sur les victimes qui seroient portées sur les listes des condamnés en exécution des loix réglémentaires qu'il avoit faites pour grossir le domaine national.

Si ces formes manquent, nul titre de propriété ensanglantée ne deviendra nationale. (*Code de Robespierre.*)

Le directoire prétend, comme surpris, le contraire. C'est ce que le corps législatif apprendra à la postérité. Si les principes qu'on trouve dans les considérans de cet arrêté pouvoient trouver une place dans notre code criminel, ce sera le cas de supprimer tous les tribunaux criminels, quoiqu'ils soient exigés par la constitution, *article CCXLIV.* Mais je me plais à croire que le directoire exécutif a été surpris, parce qu'il sait, mieux que moi, que le jury n'est institué que pour s'occuper *du fait*, qu'il lui est expressément défendu de s'occuper du *droit*, article CCCLXXII *in fi..e* du code des délits et des peines.

Enfin, les formes pour la vente des biens de Rouville n'ont pu être observées, puisque la première qui est de constater le droit de propriété, n'y est pas; le directoire a-t-il pu être surpris sur ce premier titre ? C'est ce qui est soumis au pouvoir judiciaire; nul autre pouvoir constitué n'en a le droit.

Si le ministre des finances avoit, dans son rapport, dit au directoire : Sommes-nous compétens pour décider *le contencieux* relatif entre Blanquet-Rouville *et les opposans* à la mise en possession ? Y a-t-il quelque connexité entre Blanquet-Rouville et Guilhermin ? Doit-on assimiler ces questions, quoique distinctes et naturellement opposées, ne faisant point cause commune ? Le directoire auroit certainement répondu : Nous sommes incompétens; le pouvoir judiciaire a seul le droit d'en connoître. Le directoire a donc été surpris, lorsqu'il a prononcé sur le droit de compétence. Si le rapporteur avoit dit : Les biens de Blanquet ne sont pas biens *nationaux*, l'ex-administration de Villefranche n'a remis aucun titre qui prouve *légalement que cette propriété est nationale*, alors le directoire auroit rejetté avec indignation la prétention des ex-administrateurs, parce qu'il sait que la loi constitutionelle ne garantit que les ventes des biens nationaux qu'après une adjudication légalement consommée. La loi veut donc, 1°. Que le bien vendu soit légalement et irrévocablement acquis à la république; 2°. que l'adjudication qui en seroit faite soit consommée d'après les formes prescrites; voilà la garantie fixée à ces deux cas; or, aussi-tôt qu'il est prouvé que les biens de Rouville n'ont été réunis par aucun titre légal au domaine national, la république ne doit aucune garantie aux vendeurs des biens de Blanquet-Rouville; ce n'est plus qu'un acte arbitraire, un abus de pouvoir, qu'il importe de réprimer. Si le directoire a autrement décidé, c'est parce qu'il a été surpris. *Articles 7 et 8 des Devoirs de l'homme et du citoyen; et 374 de la Constitution.*

Le ministre des finances est chargé de l'exécution du présent arrêté, qu'il ne fera point imprimer.

Pour expédition conforme ; *Signé* CARNOT, président.

Par le Directoire exécutif,

Le secrétaire général, LAGARDE, *Signé.*

Pour copie, le Ministre des finances, D. V. RAMEL, *Signé.*

COPIE de la séance du 6 fructidor, l'an 4 de la république française.

PRÉSIDENCE DE PASTORET.

UN membre propose un projet d'arrêté relatif à la pétition du citoyen Derazey, soumissionnaire des biens du condamné Alexandre Desorbier. Il est adopté comme il suit :

Le conseil des Cinq-cents, après avoir entendu le rapport de sa commission spéciale, chargée (sur la pétition du citoyen Derazey, soumissionnaire, en conformité de la loi du 28 ventôse dernier, des biens du condamné Alexandre-Desorbier) *d'examiner la question de savoir si les biens d'un condamné à peine afflictive pour délits emportans la peine de confiscation des biens, suivant la loi préexistante, sont confisqués, quoique le jugement de condamnation ne porte pas cette disposition.*

Le directoire sait que la peine déterminée par la loi est appliquée par les tribunaux criminels ; article CCXXXVIII de la Constitution, article VII des *Devoirs de l'homme.* Conséquemment l'extension donnée à la déclaration du jury est de toute absurdité. Si on trouve d'autres principes, c'est parce qu'il a été surpris, ceci est d'autant plus incontestable que le directoire convient, dans le troisième considérant, qu'il faut un jugement ; car on ne peut prononcer une peine que par un jugement : la déclaration du jury ne peut donc être déclarée jugement, puisque la loi citée ne le dit pas.

« Tout dit que j'aime à obéir aux loix constitutionnelles ; tout ce qui tend à les éluder » ou à les renverser, est révolte ou contre-révolution. » *Thibaudeau , dans son discours contre la loi du 3 brumaire ; article VII des Devoirs de l'homme,* etc.

Considérant que, soit une erreur ou une simple omission dans le jugement, ce qu'il n'est pas plus possible de distinguer, qu'il n'est permis de scruter la conscience du juge en matière criminelle; dans l'un ou l'autre cas, le jugement qui n'applique pas la peine de confiscation des biens, dans les cas déterminés par la loi, n'en contient pas moins une contravention à la loi, qui peut donner lieu à l'annullation par le tribunal de cassation, sur la réquisition du commissaire exécutif, dans la forme et dans les délais prescrits pour les jugemens qui n'ont pas encore reçu leur exécution, et pour lesquels ce recours est autorisé.

Mais que, lorsqu'il s'agit de jugemens de tribunaux ou commissions militaires contre lesquels il n'y a pas lieu à l'appel, ni au recours à cassation, ou de jugemens qui ont reçu leur exécution, ces jugemens doivent être alors restreints aux seules peines qu'ils prononcent, sans qu'aucune autre disposition puisse y être ajoutée, ni suppléée, sous prétexte d'omission, ou même de contravention expresse à la loi.

Passe à l'ordre du jour (1).

----

(1) Si le directoire n'avoit pas été surpris, au lieu de raisonner sophistiquement dans ces considérans, il auroit proclamé qu'en matière criminelle rien ne peut exister *sans jugement*, il auroit dit : Rien ne peut y être ajouté. Il auroit enfin dit : Il ne suffit pas que le délit emporte la confiscation des biens du condamné, il faut qu'une disposition expresse dans le jugement prononce la confiscation des biens ; si elle est omise, les biens du condamné ne sauroient appartenir à la nation. Eh ! que n'auroit-il pas dit, si on l'avoit convaincu que Blanquet-Rouville fut mis à mort *sans jugement*, et qu'il n'a été porté sur *aucune liste de condamnés.*.

Cet arrêté, quoique non sanctionné par le conseil des anciens, est une loi ; il est d'autant plus loi, que je défie le directoire de détruire les principes qui l'ont dicté. Il est l'expression littérale des loix anciennes non abrogées et des nouvelles.

Le Corps législatif ne sauroit avoir deux poids et deux mesures; il ne dira pas le 6 fructidor, il falloit qu'un jugement pour délit emportant confiscation des biens, prononçât *expressément* la confiscation des biens du condamné; aujourd'hui la déclaration d'un jury (déclaré l'assassin des Français) suffit, elle est plus qu'un jugement légalement poursuivi et rédigé. C'est ce qui arriveroit si les principes du directoire prévaloient sur ceux du corps législatif, en le supposant juge de la contestation judiciaire.

Le corps législatif veut, pour maintenir une vente faite sur les biens d'un condamné, que l'acquéreur prouve que la confiscation des biens est prononcée dans le jugement de condamnation ; le directoire, pour maintenir les ventes, exige la déclaration du jury : cela posé, il faut réformer notre code criminel.

AU CORPS LÉGISLATIF.

OPINION D'EMILIE PRAX , veuve de Charles Blanquet – Rouville , tutrice ; et de Jean-Jacques SACARAU , curateur des enfans mineurs , habitans de Toulouse , sur le projet de résolution présenté le 20 pluviôse dernier , par le représentant du peuple Lamarque , au Conseil des Cinq-Cents.

LES propriétés que nous réclamons ne sont pas un problême , elles n'ont jamais été *propriétés nationales.* L'arbitraire , l'abus de pouvoir leur ont donné cette dénomination et qualification ; nul pouvoir ne peut , sans violer la constitution , les légaliser , moins encore maintenir les ventes prétendues faites au nom de la nation.

Notre but n'étant point de prétendre aux charmes de l'éloquence , nous y suppléerons par la force du raisonnement , par le mérite du laconisme suffisant pour l'homme instruit , par la simplicité , mère de la vérité , organe de la justice : *Justicia est constans et perpetua voluntas jus suum unicuique tribuendi.* JUST.

C'est avec ces matériaux que nous encadrerons nos droits et nos conclusions.

Le représentant Lamarque sait mieux que nous , que tout est physique en droit , le moral n'y est pas admis ; on est donc propriétaire d'un immeuble , ou on ne l'est pas ; toute distinction sur cette proposition est une absurdité.

D'après ces vérités , nul ne peut être *présumé* propriétaire , sa propriété est alors illusoire , nulle loi ne sauroit l'atteindre , parce que la loi ne peut avoir pour principe un schisme.

Le projet de résolution qui assimile le vrai propriétaire avec celui qui est présumé l'être , ne peut donc exister ; tout commentaire sur un fait aussi clair et aussi précis seroit inutile , le représentant Lamarque a trop de sagacité et de lumières pour soutenir le contraire. C'est sans

doute

doute par erreur que cette disposition se trouve dans le projet de résolution que nous discutons ; on pourroit même conclure sans exa-
gération , qu'il tend à prononcer une amnistie, aux fins civiles, en
faveur de tous les délapidateurs , et ex-administrateurs, quoique-ce
droit ne puisse être exercé par aucun pouvoir constitué : nous passons
aux moyens les plus frappans.

Nous prétendons que le projet dont s'agit est insoutenable , 1°. Parce
qu'il viole le droit sacré de propriété ; 2°. parce qu'il a un effet rétroactif , et par une conséquence aussi claire que le jour, il est inconstitutionnel.

On a vu par l'examen des pièces ci-jointes, que nous réclamons la
succession de feu Rouville , *telle qu'elle étoit à l'époque de sa mort* ;
parce qu'elle n'a pu passer en des mains étrangères que par dol, fraude,
vols , dilapidations, enfin par des actes arbitraires et par abus de pouvoir ; nous justifions ou non nos assertions , sous tous les rapports , les
tribunaux *seuls compétens* doivent juger toutes ces questions, non le
pouvoir exécutif (1).

Si le projet de résolution franchit et décide tous ces faits et droits , nous
sommes fondés dans notre opinion. En effet, le projet valide et maintien toutes les ventes sans aucun examen sur leur nullité ou validité ,
formes pourtant prescrites par les loix relatives à la vente des biens nationaux ; alors l'effet rétroactif est mis en vigueur et les propriétés
violées ; conséquemment la responsabilité des pouvoirs constitués n'est
plus qu'un vain mot, une chimère. Nous ne croyons pas cette explication
surchargée ; nous pensons au contraire que le représentant Lamarque
partagera le même avis (2).

---

(1) Partie de nos biens sont encore au pouvoir des ex-administrateurs , vendeurs et
acquéreurs ; certains ont vendu ou échangé la partie qu'ils avoient acquise au nom de la
nation ; nous sommes tous en instance devant les tribunaux qui jugeront les griefs dont nous
les accusons.

(2) « La nation française proclame pareillement , comme garantie de la foi publique ,
» qu'après une adjudication légalement consommée, *DES BIENS NATIONAUX* ,
» quelle qu'en soit l'origine, l'acquéreur légitime ne peut en être dépossédé, sauf aux tiers
» réclamans à être indemnisés par le trésor national. » Article 374 de la constitution. Voici
» la vraie définition de cet article :

Dès que nous avons plus que prouvé la rétroactivité du projet par la violation des loix existantes à l'époque des prétendues ventes , et par la distinction des nominatifs, que le représentant Lamarque veut synonymiser , nous passons à la question inconstitutionnelle ; la démonstration est aussi facile que simple.

D'abord la résolution annulle implicitement tous arrêtés , dépouille entièrement le pouvoir judiciaire des contestations pendantes devant lui, et quoiqu'elles soient de sa compétence , elle maintien les ventes des biens qui n'ont jamais appartenu à la nation , et légalise la violation des formes qui seront du fait administratif, etc. , (1).

La loi dit impérativement *biens nationaux*, non *présumés nationaux*, comme le voudroit le représentant Lamarque.

Quelle qu'en soit l'origine ? entend un titre *réel* de propriété, non la présomption d'un titre : enfin, lorsque le bien est par un titre légal qualifié national , la loi exige impérieusement aussi que l'adjudication soit *légalement* consommée. Le mot *légalement* s'applique aux administrateurs vendeurs, non à l'acquéreur , qui n'est nullement tenu de la nullité des formes relatives à une adjudication , il doit payer aux conditions de son contrat, c'est à quoi il est tenu.

D'après ce principe, que tous les sophismes ne savroient changer, la nation ne peut être chargée d'indemniser le tiers réclamant ; c'est l'administrateur vendeur qui doit garantir la foi publique qu'il a trompée , parce qu'il ne fut en aucun temps en son pouvoir de qualifier à son gré un patrimoine particulier *bien national*. Les loix , même révolutionnaires, ont indiqué aux administrations quels étoient les biens nationaux : si elles ont méconnu ou méprisé ces loix , c'est sur elles que doit peser *l'indemnité* ordonnée par l'article 374 de la constitution, non par le trésor national. Donc ; une loi contraire à ces développemens seroit un monstre en matière législative.

(1) Sans doute l'arrêté du directoire doit être cassé. Il suffit d'y lire qu'un blanc dans un registre est un jugement qui prononce la confiscation des biens d'un dénommé dans un acte d'accusation ; pour le vouer à une proscription solemnelle. Le représentant du peuple Thibaudeau a sous ses yeux la preuve que le directoire n'a pas été surpris. Malgré cette conviction, il a trouvé une mesure aussi sage que juste. Son projet de résolution trouvera une place distinguée dans le code de Salomon, tandis que l'arrêté du directoire, comme unique par sa rédaction et par ces motifs, ne sera cité, ni imité que , etc.

Cet arrêté est marqué au coin de la réprobation, il rentrera donc dans le néant d'où il n'auroit dû jamais sortir. Nous ne cherchons pas de coupables, il y a usurpation ou erreur. Eh bien ! nous croyons à l'erreur ; c'est d'après ces motifs, que le représentant Thibaudeau présenta le 3 du courant son projet de résolution , sur lequel l'impression et ajournement ont été ordonnés.

Toutes ces dispositions sont le résultat d'un aveu contradictoire qu'on trouve dans le sublime discours du représentant Lamarque, dans lequel il convient que la nation n'a entendu vendre que les biens *à elle apparte-nant ;* d'après une déclaration aussi formelle, on ne peut sans faire divorce avec le bon sens, la raison et la justice, maintenir les ventes des biens *présumés* appartenir à la nation ; c'est ce qui arriveroit si le projet de résolution étoit adopté tel qu'il a été présenté.

Le représentant Lamarque voit par les pièces, que nous sommes dans une hypothèse antérieure aux loix relatives aux biens nationaux sou-missionnés. Nos demandes doivent être décidées d'après les loix exis-tantes en messidor, an 2, toute loi contraire à ce principe auroit un effet rétroactif, conséquemment inconstitutionnel. Le représentant Lamarque a reconnu cette distinction dans son discours ; il l'a oubliée dans les considérans et dans le projet de résolution.

Les pièces lui auront également dit que nous devons être réintégrés dans la succession, telle qu'elle étoit à l'époque de la mort ; les loix et la constitution que nous invoquons avec lui, l'ordonnent de même : or toute loi contraire seroit injuste et inconstitutionnelle. Les articles de la constitution qui décident, sont cités dans les pièces, nous ne les répéterons pas.

Pour être entendus de tout être pensant, nous invitons le représentant Lamarque de se fixer sur ce fait précis et essentiel ; *nos biens n'ont pu être nationaux,* parce que nul titre légal n'a transmis la propriété à la nation ; la présomption de propriété étant un titre insidieux, ne peut suppléer au titre légal requis par la constitution. Si la présomption de propriété pouvoit faire fortune, toutes les propriétés seroient ébran-lées, tout administrateur auroit le droit, d'après ses vues et sa volonté, de vendre, au nom de la nation, le patrimoine le plus sacré et le plus inviolable.

Cela posé, la nation ne doit aucune indemnité à des propriétaires réclamans, qu'elle n'a pas dépouillés de leurs propriétés, ni voulu les en dépouiller ; ce seroit surcharger le trésor national d'une dette à laquelle il n'est point tenu, la résolution est encore sous ce rapport inconstitutionnelle ; c'est à l'administrateur prévaricateur , anarchiste ou infidèle à indemniser tous les réclamans.

En nous résumant , nous disons produisez l'acte légal qui vous a autorisé à qualifier ma succession *nationale* : si vous ne produisez ce titre , la nation n'a pu ni dû transmettre à son acquéreur le droit de propriété ; elle n'a donc cessé dans ce cas d'être ma propriété. Si je rencontre des empêchemens ou des entraves dans la possession et jouissance de ma succession, je dois les faire juger par le pouvoir judiciaire, parce que c'est lui qui a seul le droit de punir les actes arbitraires.

En supposant que le législateur puisse suppléer au défaut des formes prescrites par la loi , ce que nous ne pensons pas , nous disons que nos demandes attaquent le fonds de la question , conséqemment les formes , nos biens n'ayant jamais été *biens nationaux* , la résolution doit donc porter pour être juste , qu'elle n'a d'application que sur le ventes des biens appartenant, par une loi ou par titre incontestable , à la nation : voilà le précepte qu'on trouve dans l'article 374 de la constitution , à défaut de titre légal , il rejette avec indignation toute présomption de propriété , ainsi que toute garantie. En finissant , nous disons que, quoique notre style ne soit pas orné des graces d'une diction séduisante , nos raisons sont plus que puissantes pour la justification de nos objections ; nous avons donc obéi au cri de la justice , et aux vœux de la constitution.

A Paris , le 9 ventôse , an 5 de la république française,

E M I L I E P R A X ; veuve R O U V I L L E , *tutrice*.

S A C A R A U , curateur des enfans mineurs.

CORPS LÉGISLATIF.

CONSEIL DES CINQ-CENTS.

Séance du 3 ventôse , l'an 5.

PROJET de résolution présenté par le représentant du peuple Thibeaudeau, sur la pétition de la veuve BLANQUET-ROUVILLE.

» Le conseil des cinq - cents , considérant que la confiscation des biens
» ne peut être que le résultat d'un jugement ;

» Qu'il est instant de réparer les erreurs qui ont été la suite de la
» violation de ce principe ; » déclare qu'il y a urgence.

» Le conseil après avoir déclaré l'urgence , prend la résolution sui-
» vante :

» L'article 21 de la section 2 du décret du 21 prairial, an 3 , n'est
» point applicable aux ventes des biens appartenant à des individus
» qui ont subi la peine de mort sans jugement, ou qui n'ont point été
» portés sur la liste des condamnés.

» La présente résolution sera imprimée, et portée au conseil de
anciens par un messager d'état (1). »

(1) Lamtous Thibeaudeau, cette intention nous conduira à l'adoption de ces préceptes, puisés dans une justice aussi douce pour son cœur, qu'elle est consolante pour ceux qui ont droit de la reclamer. En y réfléchissant, le représentant Lamaïque conviendra avec nous que les gouvernemens républicains s'affermissent par les bonnes loix ; les mauvaises qu'on appelle loi de circonstance, loi politique, loi de salut public, les ébranlent et les détruisent.

A PARIS,

DE L'IMPRIMERIE DE VINCENT TEULIERES,
rue Neuve-Saint-Augustin , n°. 582.